Conception graphique : Studio Flammarion Jeunesse et Marie Pécastaing

87, quai Panhard-et-Levassor – 75647 Paris Cedex 13
ISBN : 978-2-0812-8893-5

EN 6e A

(UN PIED AU COLLÈGE)

TEXTE DE EMMANUEL **BOURDIER**

ILLUSTRATIONS DE GLEN **CHAPRON**

Flammarion

« It's a new dawn
It's a new day
It's a new life for me
And I'm feeling good »

***Feeling good*, Nina Simone.**

Pour les vieux ados de la 4ᵉE
du collège Paul Fôrt.
E.B.

PROLOGUE

La deuxième fois, je suis né dans un carton.

Un carton de déménagement pour être précis, avec « fragile » écrit dessus. Un carton qui, pour mes onze ans, m'a embarqué vers une vie nouvelle, m'arrachant aux champs de blé, à ce pays tout plat où j'étais né la première fois.

Oui, deux vies et donc deux naissances. La première marquée par une sortie tonitruante du ventre de ma mère.

La seconde par une entrée en sixième au collège Jean-Claude Izzo de Martigues avec un an d'avance et quelques centimètres de retard.

CHAPITRE 1

Marge dessine son pied droit.

Nous sommes assis sur le perron de mon ancienne maison, le soleil fait encore le malin et Marge a enlevé sa chaussette. Ce qui l'intéresse, c'est de dessiner les orteils. C'est super dur à faire un orteil et c'est ça qui lui plaît. C'est la personne que je connais qui dessine le mieux. C'est son don, son pouvoir.

Vous lui mettez n'importe quoi sous les yeux, elle tire un peu la langue sur le côté et c'est parti, elle vous pond un chef-d'œuvre. Moi j'aurais laissé la chaussette parce que franchement, une chaussette, c'est moins prise de tête qu'un orteil. Je regarde Marge, collée à moi avec ses cheveux bouclés et sa langue qui pendouille. Mon cœur s'emballe un peu alors je lui demande :

— Tu m'écriras ?

— Hummmm ?

— Tu m'écriras souvent ? Promis ?

— Non, je t'enverrai des pigeons voyageurs.

— Allez, mais sérieusement ?

Le crayon quitte le carnet, la langue retrouve sa place naturelle et Marge plante ses yeux dans les miens.

— T'as vraiment de ces questions... T'es lourd ! Évidemment ! Je ne te lâcherai pas comme ça. Et puis tu sais, le téléphone, c'est pas fait pour les hippopotames.

— On dit : « Pour les chiens »...

— Non plus.

— Peut-être, mais moi je préfère tes lettres avec tous les petits dessins sur le côté. C'est plus toi.

Elle me dévisage quelques secondes en réfléchissant puis elle me balance d'un air grave :

— T'as raison. Les lettres, c'est mieux. Et puis je te mettrai plein d'orteils dans les coins, ça sera super mimi.

— T'es vraiment chiante Marge.

— Oh ! Gabin, surveille ton langage. Si ta mère t'entendait...

— Ma mère a l'ouïe fine mais, à 600 km de distance, ça me ferait mal qu'elle m'entende...

— Les mères sont capables de tout, figure-toi. Et si en plus elles sont maîtresses d'école, on est presque chez les mutants : des oreilles super sensibles et un œil dans le dos. Alors un conseil, surveille ton langage et sois poli, mon joli couillon.

Et hop, la langue qui revient.

Marge a raison, ma mère n'aime pas que je jure

même si elle, elle le fait tout le temps quand elle corrige les cahiers de ses élèves et donc accessoirement le mien. Car dans ma première vie qui s'achève, maman était aussi mon instit. Nous vivions dans le logement de fonction de l'école de Marsauzières, village perdu au milieu d'étendues hallucinantes de maïs. Je suis un bon élève mais je n'ai pas vraiment le choix. Avec une mère pareille, l'option « cancre » n'aurait pas été une très bonne idée.

Mon père, lui, ne jure jamais. Il ne parle pas beaucoup, sourit tout le temps et fait très bien la blanquette de veau. C'est, pour moi, un père normal et, pour tout dire, assez éloigné du moindre Superman. Musculairement d'abord: c'est un fil de fer dont la morphologie le ferait exceller au saut à la perche, en tant que perche bien sûr. Au niveau vestimentaire ensuite: contrairement à Superman, il porte rarement un slip par-dessus son pantalon. Et pourtant, aux yeux de mes copains, mon père est un véri-

table super-héros, un fantasme arborant certes des lunettes à double foyer et des poils dans les oreilles, mais un fantasme tout de même. Mon père est kiné de joueurs de foot de Ligue 1. Son bureau c'est le Parc des Princes, il a le numéro de portable de Didier Deschamps et, à la cantine, il demande à des gars comme Ribéry de lui passer le sel. Ça, mes potes, ça les rend hystériques. Du coup, ils me regardent comme une sorte d'alien à trois bras, deux nombrils ou quatre intestins grêles. Bref, à leurs yeux, j'ai un truc en plus et je suis le plus chanceux de la galaxie. S'ils savaient... Il n'y a rien qui m'ennuie plus que le football. Jamais je n'ai compris qu'on puisse faire autant de kilomètres en courant sur un gazon, qu'on puisse produire autant de litres de sueur et projeter autant de crachats répugnants juste pour pousser une baballe dans une cage. Ça me dépasse. Bien sûr mon père a essayé de me coller dans la tribune d'honneur du Stade de France pour m'initier aux merveilles des crampons et aux délices des tacles par-derrière, mais, à chaque fois, je me suis endormi avant la mi-temps. Il s'est alors fait une raison : l'amour du ballon rond est tout sauf génétique. Pire, c'est ce même ballon rond qui a mis fin à ma première vie car c'est en quittant le club du PSG pour passer à l'ennemi que mon père a enfanté le gosse fragile du carton. Oui, c'est en devenant le préparateur physique de l'OM que mon doux paternel m'a fait perdre mes amis beaucerons et, pire que tout, va m'éloigner de Marge.

Marge ne s'appelle pas Marge parce qu'elle aurait une montagne de cheveux bleus, quatre doigts à chaque main ou le teint jaune. Non. Marge s'appelle Marge pour Marjorie, son pauvre prénom. Je ne sais pas vraiment ce qu'elle est... Marge n'est pas ma meilleure amie, elle n'est pas ma confidente, mon ange gardien, mon punching-ball, mon double. Marge est tout cela à la fois. Depuis toujours, c'est-à-dire depuis la nourrice, Marge a toujours été là, à portée de main. Elle me rassure. Il faut dire qu'elle a treize jours de plus que moi, treize jours qui pèsent lourd, treize jours qu'il serait ridicule d'essayer de rattraper. Nous avons tout découvert ensemble : le vélo sans roulettes, la piscine sans ceinture, la bouche sans les dents, le gobage de Flamby sans les mains, les fous rires sans fin, les larmes sans raison.

Si je ne sais pas ce qu'est Marge, je sais au moins ce qu'elle n'est pas : mon amoureuse.

Nos amis adorent nous chambrer avec ça. Selon eux, quand on est inséparables comme nous le sommes ça ne fait aucun doute : il y a du Cupidon dans l'air. Moi, j'ai tenté de leur faire comprendre que leur théorie ne valait pas deux balles, que Matteo, lui, était inséparable de son appareil dentaire mais que cela ne voulait pas dire qu'il envisageait de l'emmener faire un petit voyage romantique à Venise. Peine perdue, ils continuent à nous appeler les « lovers ». Après tout, les amis aussi ont le droit d'être légèrement abrutis. Je ne sais pas si elle est belle ou moche. Marge fait partie de moi, elle est comme un organe vital et je mets quiconque au défi de me dire s'il trouve son propre intestin grêle sexy ou son poumon glamour.

Sans que je m'en aperçoive, elle a tourné la page de son calepin et a attaqué un lézard qui respire à fond les manettes sur une grosse pierre plate. Elle me parle sans rentrer la langue cette fois-ci. Encore un de ses dons.

— Pourquoi vous êtes revenus ? Vous n'aviez pas tout déménagé la semaine dernière ?

— Mon père devait faire l'état des lieux de la maison.

— C'est quoi ?

— En gros, mes parents ont compté les trous de punaises au mur il y a vingt ans quand ils sont arrivés et mon père doit les recompter pour

voir s'il y en a plus après leur départ.
— La vache ! Dans ta chambre t'as dû exploser le score avec tous tes posters !
— Grave.
Oui. Niveau posters, je suis un peu grave. Il y en avait partout au-dessus de mon lit. Uniquement des posters de guitaristes, parce que si le truc de Marge, c'est de dessiner les orteils et les reptiles à la perfection, moi, mon truc, c'est la guitare. Ma mère dit que je suis un Mozart électrique. J'en sais rien, mais j'aime jouer, ça ne s'explique pas. Ça coule, c'est chaud, ça pulse. C'est bon.
— Et toi, pourquoi t'es revenu ?
— Pour aider mon père à compter. Tu sais, les footeux, passé 11, ils peinent un peu.
Marge délaisse un instant son lézard pour évaluer le niveau de mon foutage de tronche. Je désamorce :
— Mais non banane, je suis revenu pour toi. Pour te dire au revoir.

— Mais tu me l'as déjà dit la semaine dernière.

— Et alors ?

— Et alors... J'aime bien. En fait, j'aimerais encore mieux que tu reviennes me dire au revoir chaque jour. Tu vas me manquer Gabin.

Sa voix a un peu tremblé.

J'oublierai peut-être la couleur du maïs, les gros nuages de l'automne et la moustache du garde champêtre, mais une chose est sûre, je n'oublierai jamais le visage de Marge. Elle sera là, avec moi, comme depuis toujours et tous les cartons marqués « fragile » n'y pourront rien changer.

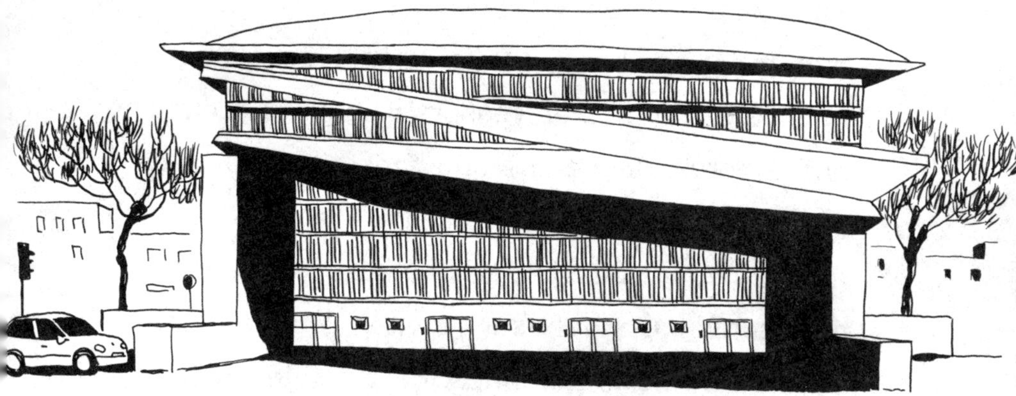

CHAPITRE 2

Le collège Jean-Claude Izzo de Martigues ressemble à une soucoupe volante blanche qui aurait raté son atterrissage et pencherait dangereusement. L'architecte qui l'a conçu a dû un peu trop regarder *Star Wars* et confondre l'étang de Berre avec le désert de Tatooine. Je suis là, face à ce dôme high-tech, totalement pétrifié, mon sac flambant neuf pendant mollement au bout de mes doigts moites. Dans cinq minutes, il va me falloir pénétrer dans cet endroit et ne plus en ressortir pour les quatre ans à venir. Je ne me souviens pas avoir eu autant la trouille de ma vie.

Autour de moi, des grappes d'élèves s'agitent en tous sens, leurs voix sont aiguës, leur langage ponctué de mots inconnus. Ça grouille, ça fait du bruit, ça me regarde en pouffant, ça donne envie au nouveau-né que je suis de retourner en courant au pays des moissonneuses, d'y creuser un terrier et de ne plus montrer une oreille. Je les observe à la sauvette et me trouve soudainement ridicule à en crever. Je n'ose regarder mes baskets Lucky Luke® car je sens bien qu'ici, on existe vraiment que si on a aux pieds une marque qui commence par « ree » ou qui se termine par « das ». Je ne parle même pas de mon T-shirt Plouc 2000 qui fait de moi la cible parfaite pour un jet collectif de cailloux. Heureusement, mes futurs collègues ont autre chose à faire, ce qui n'empêche pas qu'enseveli

de honte, j'ai un peu du mal à respirer.
À neuf heures pile, c'est l'heure du signal sonore qui nous invite à nous regrouper dans la cour centrale. À l'école de Marsauzières, nous nous battions chaque matin pour avoir l'insigne honneur de tirer la chaîne de la cloche fixée au mur. Le tintement de cette cloche avait rythmé ma première existence depuis la maternelle mais ce tintement, lui aussi, est mort désormais. Ici, c'est une sonnerie qui s'échappe des haut-parleurs, ou plutôt un enregistrement d'arpèges de guitare assez baba cool qui accompagne les gloussements et les dernières embrassades avec les parents. Moi, je n'ai personne à embrasser. Papa est au stade Vélodrome pour, peut-être, y mastiquer la pelouse marseillaise histoire de goûter à la légende ; maman est dans sa nouvelle école, elle aussi très différente de notre ancien chez-nous. Dans cette école, aucune soucoupe volante mais plutôt un bloc de béton gris échoué sur une dalle de béton

gris au milieu d'immeubles de béton gris. Cet architecte a dû, lui, faire une sérieuse allergie à la couleur verte et je soupçonne ma mère en ce moment même d'en développer une à l'Olympique de Marseille.

Me voilà donc seul au milieu de centaines de sixièmes. Je vois bien que certains sont impressionnés, mais chacun a un bras auquel s'accrocher, une main à serrer, un ami à bousculer. Moi, je suis un naufragé dans une marée humaine. Ça fuse de tous les côtés :

— J'ai trop les boules d'être là, je préférais la plongée sous-marine. Au fond de la mer, t'as moins de chance de tomber sur un prof.

— Hé, les keums, il paraît que les pions, ils sont trop sévères cette année !

— Tema son style. Trop la classe !

— T'as pas vu mon sac ? Un rouge, avec un catcheur dessiné dessus.

— C'est vrai qu'ils ont le droit de nous coller le dimanche ?

— Il paraît qu'au self, tu peux reprendre six fois des frites !

— Tu as bien compris Gwendoline, c'est mamie qui te récupère ce soir et vous allez directement à ton cours de full-contact.

— C'était qui Jean-Claude Izzo ?

— Un ministre je crois...

Je suis le plus petit, le plus blanc, le nouveau. Jusqu'ici, je n'avais jamais été nouveau en quoi que ce soit. À Marsauzières, j'avais toujours fait partie des meubles, j'étais le fils de la maîtresse, celui qui est déjà là quand on arrive, qui est encore là quand on repart. Là-bas, un nouveau ça se voyait, ça marquait les esprits. En CP, une fille était arrivée dans l'école au mois de mai. Elle s'appelait Charlotte, mais personne ne l'avait jamais appelée ainsi. Pour tous, elle était « La Nouvelle » et ce jusqu'à la fin du CM2. Ici, c'est différent. Ici, les nouveaux, on les ignore, on marche sur leurs baskets Lucky Luke®. On les laisse se noyer.

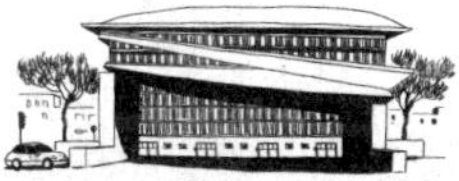

Au milieu de cette foule, mon regard est attiré par un élève qui, monté sur un escabeau, dépasse tous les autres de plusieurs têtes. Il a l'œil mi-clos, l'air épuisé et des cheveux roux qui lui tombent sur le front comme un chapeau de champignon à la Toad. Sa carrure me fascine, il a des mains énormes. Soudain, un mouvement de foule me permet de jouir d'un autre angle de vue sur sa petite personne et je réalise avec stupeur qu'il n'y a aucun escabeau et que ses pieds, un joli 47 fillette, touchent par terre. Ce gars-là doit bien mesurer dans les 1m80 et, sauf erreur de ma part, il est là, tout comme moi, pour entrer en sixième. J'ai l'impression qu'en me mettant sur la pointe des pieds et en levant les bras, je pourrais peut-être lui arriver un peu en dessous du genou.

— S'il vous plaît, je vous demande le silence.

Une voix dans un micro interrompt ma contemplation du géant et stoppe immédiatement le brouhaha qui m'entoure. Cette voix résonne dans ma poitrine et, vu son ampleur, je me dis que le gros bonhomme barbu qui nous fait face sur le perron aurait très bien pu se passer de micro. Il porte un costume noir, des mocassins à pompons et un nœud papillon gris clair, mais moi, je ne vois que ses chaussettes qui dépassent de son ourlet un peu court. Elles sont rouges et un Astérix y frétille du casque à plumes. L'air circule un peu mieux dans mes poumons. Lucky Luke se sent moins seul.

Un larsen et la voix reprend :

— Bonjour à tous. Je suis Monsieur Léon, votre principal. Je vous souhaite la bienvenue dans notre collège Jean-Claude Izzo. J'espère que vous y trouverez les chemins qui vous conduiront vers le savoir et la sagesse.

En ce qui me concerne, j'espère moi trouver au plus vite le chemin qui me conduira aux toilettes les plus proches sous peine d'explosion de vessie imminente avec noyades d'innocents élèves à la clef. Le stress est liquide et sans pitié. Je sers les cuisses, les dents et tente de me concentrer sur l'accent marseillais du barbu aux pieds gaulois.

— Voici Mme Lacagole, votre conseillère principale d'éducation, qui va procéder à l'appel des classes.

Des rires étouffés montent de la foule, je n'en comprends pas la raison. Mme Lacagole fait mine, elle, de ne pas s'en apercevoir et s'empare du micro. Il paraît gigantesque dans ses petites mains. Et encore cet accent qui sent les vacances même si, aujourd'hui, cela fait un peu désordre :

— Bonjour. À l'appel de votre nom, vous viendrez vous placer face à votre numéro de classe inscrit au sol. 6e A : Aubert Jonas. Aumont Nina...

Et cela dure des siècles. Certains trottinent, d'autres traînent les pieds, des amis explosent de joie car ils se retrouvent ensemble, d'autres pleurent d'être séparés comme si on leur arrachait le bras gauche. Le temps s'étire. Cotonneux. Engourdi. Ma vessie en est aux ultimatums, mon esprit vagabonde, là-haut, vers une fenêtre de classe où une cigale tente à elle seule de retenir l'été. Je pense à Marge, je me demande à quoi ressemble son petit collège au cœur de la forêt, je me demande si elle aussi a envie de faire pipi, si elle a au moins retrouvé des copains de Marsauzières dans sa classe. Si elle pense un peu à moi.

— Je répète : Terbau Gabin. Est-ce que Terbau Gabin est présent ?

Ce nom me dit quelque chose. Et pour cause.

C'est le mien.

Comme réveillé en sursaut au beau milieu d'un rêve, je lève la main et hurle :

— Présent !

La moitié des collégiens éclate de rire et je me sens rougir, les oreilles me chauffent, ma vessie bat des records de dilatation. Je finis par baisser le bras et je rejoins ma classe déjà bien nombreuse. Je suis déjà presque mort de honte mais c'est Mme Lacagole qui me porte le coup de grâce :

— Eh bien, M. Terbau, il faut vous laver les oreilles. Je vous ai appelé trois fois.
Rires. Oreilles en feu. C'est à peine si je remarque la montagne rousse qui se penche vers ma petite personne et qui me souffle :
— Laisse tomber. Il paraît que la mère Lacagole est une vraie peau de hareng. C'est ma sœur qui me l'a dit. Elle est en quatrième. Du coup, elle a un jour de vacances de plus. Trop de la chance !

Le géant est dans ma classe. C'est idiot, mais ça me rassure. Il me tend une paluche à la Shrek, la couleur en moins.
— Salut. Moi c'est Gaspard.
Je lui prête mes doigts. Faut avoir confiance, ça peut tourner en bouillie cette histoire. Contre toute attente, sa main est molle. Il se retient. Un bon gars.
— Moi, c'est Gabin.
— Oui… J'ai cru comprendre…
— Tu crois qu'on va pouvoir aller aux toilettes ?

Je suis sur le point d'inonder toute la ville.

— J'espère bien, j'ai aussi super envie de pisser.

Je n'ose imaginer la taille de sa vessie. Dans son cas, c'est pour l'ensemble des Bouches-du-Rhône qu'il va falloir prévoir un plan d'évacuation. À nouveau la voix qui claque dans le micro :

— Voulez-vous bien vous taire ?

Je veux. Je regarde mes pieds. Il reste deux classes à appeler.

Je dois tenir. Ne penser à rien ou alors à quelque chose de solide.

Toute pensée liquide risque de m'être fatale.

CHAPITRE 3

Ma Marge.

Voilà.

Nous sommes installés à Martigues, tu sais, sur la carte météo, c'est tout en bas, là où il y a un soleil qui rigole pendant que là-haut, chez toi, il y a un nuage qui fait la tronche. Je ne sais pas si la ville te plairait et à vrai dire, je ne sais pas si elle me plaît. Le premier contact a été un peu dur. Je m'attendais à des paysages de carte postale où la soupe au pistou pousse sur les arbres. Je me suis pris une petite claque. Nous sommes au bord d'un étang gigantesque, l'étang de Berre, qui pourrait être magnifique s'il n'avait pas deux inconvénients :

1. On lui a collé des usines tout autour.
2. À certaines heures du jour, lorsque les vents sont favorables, il pue carrément des pieds.

Mais il y a aussi des avantages. Le ciel est bleu tout le temps, quand il tombe deux gouttes de pluie, c'est la panique générale. Et surtout, la mer est toute proche et son parfum arrive parfois à se faufiler dans la cour du collège. Sur le toit de notre maison, des goélands font des claquettes. Il y a un oranger qui pousse dans le jardin. Il est pile devant la fenêtre de ma chambre et en tendant le bras, je pourrais presque cueillir ses fruits au réveil. Allez, ne déprime pas, avec un peu d'assouplissement des bras, toi tu pourras choper deux ou trois betteraves !

Ici, les Martégaux (les habitants de la ville) parlent fort et on a toujours l'impression qu'ils s'engueulent même quand ils se font la bise. L'autre jour, j'ai entendu une mère dire à sa petite de trois ans qui grimpait dans un olivier du square : « Descends tout de suite ou je te casse les membres ! »

La petite a rigolé et elle est descendue. J'aurais fait pareil. Le collège est plutôt tranquille et j'ai repéré quelques coolos à bonne tête qui pourraient faire l'affaire comme amis. En plus, il n'est pas très loin du centre même si niveau boutiques ça n'a pas l'air d'être New York non plus. J'espère juste qu'il y a un magasin de musique sinon je vais décéder très vite.

En gros, c'est cool. Il manque juste ta face de pioche et ton coup de crayon pour que je me sente totalement bien.

Réponds-moi vite et envoie-moi ta dernière œuvre d'art, juste pour voir si tu as progressé.

Ne te laisse pas prendre la tête par les bourrins de ton collège. Sors-leur ton cri qui tue, ça va les calmer.

À vite.

Ton ami bronzé.

Gabin

CHAPITRE 4

Cher Gabin

CHAPITRE 5

Saint-Exupéry.

Encore perdu...

Ras-le-bol de cette soucoupe volante. Les couloirs, là-dedans, c'est un vrai labyrinthe de jeu vidéo sauf que moi, je n'ai qu'une seule vie et que c'est dans cette vie-là que je dois retrouver la classe « Miró » d'où je suis parti il y a plus de dix minutes avec une mission de la plus haute importance : demander à la gestionnaire du collège si les pastels gras de Mlle Coppée sont enfin arrivés.

CHAPITRE 5

GABIN

Mlle Coppée, c'est notre professeur d'arts plastiques. On dirait un peu une sirène qui aurait mangé trop de thons. Elle en a les cheveux blonds très longs, les écailles sur les bras et honnêtement, elle sent un peu la marée. Mais surtout, Mlle Coppée est très sévère. Elle file la pétoche à tout le monde. Sa technique favorite est de passer derrière nous quand on dessine et d'un seul coup, sans prévenir, hurler. Ça peut être « Applique-toi ! » ou « C'est bien, continue ! », mais ce qu'elle dit n'a aucune importance vu que le ton est toujours le même. C'est un ton qui fait sursauter, qui fait se casser les mines des crayons HB, tomber les gommes, descendre les chaussettes et se mordre la langue. Avec Mlle Coppée, c'est le grand huit permanent. En plus, des troisièmes nous ont dit qu'on allait passer toute l'année à dessiner des châteaux forts. Je crois qu'ils ont raison parce que, au moment où elle m'a envoyé en mission, j'en étais à rater mon pont-levis.

— Terbau !

Et une mine en moins, une !

— Oui madame ?

— Vous allez descendre chez la gestionnaire pour lui demander si ma commande de pastels est enfin arrivée. Je ne peux plus travailler dans ces conditions.

— Oui madame.

— Vous avez cinq minutes.

Elle a dit ça en montrant la grosse horloge médiévale que chaque élève de la salle Miró connaît dans ses moindres détails. Je suis sorti à toute allure et dans le couloir, j'ai entendu le chant de la sirène tonner à travers les cloisons.

— Dépêchez-vous, mais sans courir !

D'accord...

J'ai trouvé le bureau de la gestionnaire en un temps record et il lui a fallu moins de trente secondes pour me donner sa réponse.

— J'ai dit ce matin à votre professeur que la commande ne serait pas là avant une bonne

semaine. N'hésitez pas à le lui rappeler. Au revoir.
Un « Au revoir Madame » plus tard, me voici reparti dans les escaliers en essayant de me dépêcher lentement. La mauvaise idée aura été de prendre l'escalier nord. Grosse erreur, car depuis, je suis complètement paumé dans ce dédale. À chaque fois que je prends un embranchement, je me retrouve au bout du compte toujours devant la même salle « Saint-Exupéry ». Quelle idée aussi de coller des noms d'artistes à chaque porte. Pour un pauvre sixième comme moi, des numéros inscrits dans l'ordre, ça aiderait à ne pas se faire déchiqueter par une sirène obèse.
Je sens la panique qui grimpe, je reprends le couloir de droite, remonte d'un étage, passe chaque porte en revue, abandonne à « Brassens », redescends côté sud, tourne à gauche, à droite, crois reconnaître l'endroit et me dirige vers la porte le cœur gonflé d'espoir.
Saint-Exupéry.

Deux semaines qu'on est rentrés et j'arrive encore à me perdre.
L'aïoli me monte au nez et là, seul au cœur du labyrinthe, je me lâche :
— Purée, je suis vraiment une grosse bouse.
— Tu l'as dit...
« Seul » n'était pas le mot exact. Je me retourne, le cœur battant la chamade. Une fille est adossée au mur, une jambe repliée, un sourire moqueur aux lèvres. Elle jongle avec un téléphone portable sans me quitter des yeux. Les siens sont immenses, d'un gris pâle un peu surnaturel. Sa voix est très grave.

— T'es perdu ?
— Non... Non... Je cherche ma salle.
— O.K. tu cherches ta salle, ça fait trois fois que je te vois passer, tu te traites de grosse bouse mais, à part ça, tu n'es pas perdu...
Elle commence à me saouler, celle-là.

Je contre-attaque :

— Et toi ? Tu fais quoi dans les couloirs ?

— J'ai été virée par Levellec.

— Le prof de maths ?

— Lui-même.

— Il est cool pourtant.

— Il m'a chopée en train d'envoyer un SMS. Il a pas aimé.

— Tu m'étonnes. On n'a pas le droit au portable.

— Ah bon ? Première nouvelle...

Elle se fout de moi. Elle espère peut-être me faire perdre mes moyens. Elle a raison, ça marche à fond. Je détourne le regard. Lorsqu'elle parle à nouveau, sa voix est plus douce :

— Allez, dis-moi le nom de ta salle et je t'emmène.

— Miró.

— Oh ! Chez la Rascasse ? Alors grouillons-nous si tu ne veux pas finir dans une boîte à sardines. Suis-moi.

Elle tourne le dos et file dans le couloir de gauche. Je trottine derrière elle, j'ai bien conscience que j'ai l'air d'un caniche suivant sa mémère, mais j'ai aussi bien conscience que je n'ai pas trop le choix. Un peu essoufflé, je lui demande :

— T'es en quelle classe ?

— 6e B.

— Ah ? Mais t'as quel âge ?

— On ne demande pas à ça à une demoiselle, ça se fait pas. Dis-toi juste que je retape cette année et compte sur tes doigts.

Je me tais. Cette fille me déstabilise, je me sens stupide, un gamin. J'avance en regardant mes pieds, ce qui fait que je ne la vois pas s'arrêter et manque de lui rentrer dedans. J'évite le choc de justesse et prends un air de gros dur. Un caniche qui joue au pitbull, j'imagine ce que ça peut donner.

— Voilà jeune homme, la salle Miró. Bon courage.

— Merci... Et toi, tu fais quoi ?

— Je dois aller porter mon téléphone à la CPE. Mais je sens qu'il va y avoir un problème.

— Lequel ?

— J'ai bien aussi envie de me perdre un petit peu...

Elle fait mine de m'embrasser de loin et une onde de chaleur m'envahit tout entier. Je rougis, je le sens. Elle se marre et tourne les talons.

Je m'apprête à frapper à la porte quand, sans m'en rendre compte, je lance :

— Tu t'appelles comment ?

Elle ne s'arrête pas, ne se retourne pas mais accompagne sa réponse d'un poing levé vers les capteurs à incendie du plafond.

— Liberty !

— Moi c'est...

Elle a disparu.

— Moi, c'est la honte.

Je frappe.

— Entrez !

La douce voix de la sirène ressemble à un coup de boule sonore qui me fait presque regretter d'avoir retrouvé ce satané Miró.

Je rentre, mais mon esprit, lui, traîne encore un peu dans les couloirs. Liberty...

CHAPITRE 6

— Nadège Grumeau ? Tu rigoles, là ?

— Sur la tête de ma mère, je t'embrouille pas. Nadège Grumeau elle s'appelle. Liberty, c'est juste pour la frime. C'est pas son vrai nom. C'est comme Lady Gaga, en vérité, ses parents ils s'appellent pas Monsieur et Madame Gaga. Gaga c'est comme Lady, c'est, c'est...

Sami reste un instant la bouche ouverte et la fourchette en l'air. Il fait semblant de chercher le mot qu'il ne connaît pas. Évidemment, c'est Boris qui termine sa phrase :

— C'est un pseudonyme.

— Voilà, respect Boris. Un speudonime.

— Nadège Grumeau... La pauvre...

Le self se vide peu à peu mais nous sommes encore tous les quatre à table. J'adore la cantine du collège, ici on a l'impression d'être libres, d'être des hommes, responsables de leur destin, de leurs choix. Par exemple, ce midi, nous avions le pouvoir de prendre riz au lait ou pruneaux au sirop. Du lourd. Et puis la rumeur disait vrai, les frites sont à volonté. Le problème c'est qu'elles sont aussi carrément immondes et que personne n'en reprend jamais, à part Gaspard. Lui, ça peut aller jusqu'à six fois, mais c'est un autre problème.

Aujourd'hui la discussion a tourné pendant tout le repas autour de Liberty, sauf au moment où

Gaspard nous a encore parlé de sa sœur. Elle commence vraiment à le gonfler à force de jouer les petites mamans avec lui alors qu'il a déjà de la moustache qui pousse. Il faut dire qu'il ne doit pas rigoler tous les jours avec sa frangine. Elle est à peine plus grande que moi mais c'est vrai qu'elle colle un peu la frousse. Souvent, quand elle parle à Gaspard, même si elle est minuscule comparée à lui, on a l'impression qu'elle le regarde par au-dessus. Dans ces moments-là, Gaspard chausse du 12. Sans trucage, juste avec sa voix et ses yeux, elle est capable de le transformer en nain. Très forte la Myrtille. C'est son prénom, Myrtille. Moi je l'aurais plutôt appelée Amanite tue-mouches, mais tous les goûts sont dans la nature. Sami repart à l'attaque :

— Nadège, en classe, elle scotche les profs. C'est une meuf un peu trop intelligente pour eux. Mais elle ne le montre pas tout le temps, elle se réserve pour les grandes occasions. Trop montrer son cerveau, c'est pas bon il paraît. On peut chauffer sous le crâne et mourir d'un coup, comme Louis XIV ou mon grand-père.

Sami parle vite, tout le temps, avec une voix aiguë et souvent pour dire des énormes bêtises. C'est aussi le plus grand menteur que je connaisse. Hier, il nous a fait croire que son père avait inventé la recette du Big Mac et qu'il l'avait revendue à McDo® contre la promesse que les restaurants porteraient aussi son nom. Selon Sami, son père s'est fait arnaquer. C'est vrai qu'on n'a pas vu beaucoup de restaurants Mc Ayata de ce côté-ci de l'univers. Mais il nous fait vraiment rigoler. Et puis, de temps en temps, il balance des choses qui peuvent servir. C'est le cas pour Liberty. Il la connaît bien, d'abord parce qu'ils étaient dans la même classe l'année dernière (Sami redouble), ensuite parce que Liberty habite dans son quartier. C'est donc avec beaucoup d'attention que j'écoute mon nouvel ami.

– Dans le quartier, elle est toujours à traîner

dehors. Jamais elle est chez elle, meskina. Remarque, vu la tronche de son père, il vaut peut-être mieux. Celui-là, il ferait peur à la sœur à Gaspard. Tu sais, le genre de keum qui essaye de tuer tous les zombies dans les films mais qui se fait mordre dès le début et qui devient zombie en chef. En plus, on voit jamais sa mère. Sur la tête de moi, cette fille, c'est total mystère.

— Il est évident que chacun a ses mystères, Sami.

Boris lui, ne parle presque jamais, mais quand il le fait, ça calme. En même temps, tout le monde sait que Sami aussi est total mystère. Il paraît qu'il a un frère jumeau, mais il n'est pas au collège. Sami n'en parle jamais, les profs n'en parlent jamais, c'est donc la preuve qu'il y aurait beaucoup à dire. Mais Sami est notre pote, alors on ne lui prend pas la tête avec ça.

Quand j'y pense, il ne nous aura pas fallu longtemps pour la constituer, notre bande des quatre. On mange ensemble à la cantine, on rigole ensemble en perm' et on parle un peu trop en cours. Inséparables. Boris, c'est le beau gosse de l'équipe. Avec sa mèche à la Justin Bieber, ses yeux verts et ses dents comme dans les pubs, il fait glousser toutes les filles qui passent à moins de deux mètres de nous. Il n'a pas l'air de connaître sa chance parce qu'on dirait qu'il ne les voit pas. Il regarde toujours droit devant lui, les sourcils froncés un peu comme s'il ne s'arrêtait jamais de réfléchir. Boris est arrivé en France en CM1 parce que ça commençait un peu à sentir le caramel pour ses parents là-bas, en Russie. Il a appris à parler français en moins d'un an et maintenant il connaît plus de mots que Sami et Gaspard réunis. Il est premier en dictée et trouve toujours les mots qu'il faut quand il y a un trou dans nos phrases. Ce gars-là, au Scrabble®, ça doit être le Dieu des X et des Y.

Il me regarde comme si j'étais un problème de

géométrie, puis il me demande avec son fameux accent qui flotte :

— Es-tu amoureux d'elle ?

Les deux autres s'arrêtent net de gigoter. Même Gaspard a cessé de manger, c'est dire si ma réponse est attendue.

— Pourquoi ? Non... Je... C'est pas parce que... Non... Enfin...

Sami nous montre toutes les dents à sa disposition.

— Heu ! Il arrive pas à parler ! Il la kiffe ! Z'avez vu ? Il rougit ! Il la kiffe à donf !

— Oui, et moi je kiffe le dessert. Tu finis pas ton riz au lait, Sami ?

— Non, vas-y Gaspard, je commence à m'entraîner petit à petit pour le ramadan. Sérieux, Gabin, tu vas lui dire à Nadège que tu la kiffes ?

Alors que j'ouvre la bouche pour essayer de fermer la sienne, je sens une main se plaquer sur mon épaule. En face de moi, Gaspard et Sami font mine de prendre leur plateau et la

poudre d'escampette. Trop tard. Dans mon dos, la voix de Grostonneau les rassoit.
— Salut les filles. Je vous dérange ?
Personne ne lui répond. Chaque sixième du collège a vite compris que ce mec tout en muscles était une des seules personnes à éviter à Jean-Claude Izzo. Il paraît que certains dinosaures extrêmement dangereux avaient le cerveau de la taille d'une noix. Nous savons donc qui étaient les ancêtres de Grostonneau. Grostonneau se nomme en réalité Gatreneau, mais ce surnom trouvé par Boris lui va à ravir. Bien sûr, personne ne l'appelle ainsi en sa présence à moins d'avoir une folle envie de se faire refaire le dentier à la Joey Starr sans anesthésie générale. Grostonneau est en quatrième, Grostonneau est dangereux et il a trouvé ses proies du jour.
— Je me permets de vous interrompre mais j'ai une demande importante à vous faire. J'organise une collecte pour une nouvelle cause humanitaire que j'ai appelée : « Une Xbox® pour

M. Gatreneau. » Je compte donc sur tous les petits sixièmes du collège. Alors la semaine prochaine, jour pour jour, vous m'apporterez chacun vingt euros. Vous en disez quoi ?

— J'en dis qu'on dit : « Vous en dites quoi ? ». Et j'ajoute que tu ferais mieux de t'acheter un dictionnaire.

En plus d'être un beau gosse, Boris a une autre qualité : il n'a jamais peur de rien. Mais vu la tête de Grostonneau, cette qualité ressemble soudain comme deux gouttes d'eau à un défaut. Ça sent le massacre.

Par bonheur, Stanislas, un surveillant qui a plus de cheveux sur la langue que sur le crâne, nous évite le bain de sang sans même s'en apercevoir.

— Allez les gars, dehors. On ferme. N'oubliez pas de ramener votre plateau. Gatreneau, vous devriez déjà être dans la cour. Sortez.

Le T-Rex monté sur Nike® a juste le temps de faire glisser son pouce le long de sa pomme d'Adam sans lâcher le regard de Boris et il disparaît dans l'escalier qui mène vers l'extérieur. L'air redevient à nouveau respirable. Gaspard engloutit son troisième ramequin de riz au lait et nous quittons à notre tour le réfectoire sans un mot, ce qui, pour Sami, est un signe qui ne trompe pas : nous sommes passés très près de la catastrophe.

Et ce n'est peut-être que partie remise.

CHAPITRE 7

Aujourd'hui, mercredi midi, j'ai invité Sami à venir manger à la maison après les cours. Maman a préparé un couscous de poisson mais nous ne sommes que deux à y faire honneur car papa et Sami sont trop occupés pour avaler quoi que ce soit. Sami pose des questions, papa tente d'y répondre.

— Alors c'est vrai m'sieur, vous travaillez à l'OM ?

— Oui, depuis quelques semaines.

— Vous entrez au stade Vélodrome comme dans un moulin, pour ainsi dire ?

— Oui. J'ai les clés.

— Sérieux ? J'peux les voir ?

— Enfin, c'est une façon de parler. Disons que j'ai le code d'accès du stade.

— Trop cool ! Et c'est quoi ce code ?

— Là, Sami, j'ai bien peur qu'il te faille me torturer pour l'obtenir.

— Ah oui, bien sûr... Et toi Gabin, tu le connais ce code de la mort ?

— Non.

— Remarque c'est normal, t'as pas envie de torturer ton propre père.

— Ah, si, ça, ce serait avec plaisir. Mais ça ne vaudrait pas trop le coup.

Sami fronce les sourcils, papa prend son air navré.

— Mon fils n'aime pas le foot. C'est incompréhensible je sais, mais c'est ainsi.

Sami se défronce tout d'un coup et pose sur moi des yeux ronds, un peu comme s'il me voyait pour la première fois. On lui aurait appris que je comptais passer un CAP de cannibale, il ne me regarderait pas autrement. Maman vient à ma rescousse.

— Tu sais Sami, moi non plus je n'apprécie pas trop le football.

— Oui mais vous c'est normal, vous êtes une... Une...

— Une ?

— Une maman. Y a pas beaucoup de mamans qui kiffent le foot. Les mamans, ça a rien à voir avec le foot, m'dame.

Aïe ! Il ne sait pas à qui il a affaire le Sami. Je sens que ma mère sort ses griffes, il va se faire bouffer.

— Ah oui ? Et tu crois qu'ils arrivent d'où tous tes Ronaldo et tes Messi ? Ils sont nés dans un sac de sport peut-être ?

— Ben non, mais...

– Et qui est-ce qui a lavé leurs maillots et leurs chaussettes chaque dimanche soir à leurs débuts ?

– Euh...

– Et il ne te plaît pas mon couscous ?

– Comment ?

– Quand une maman fait un couscous, il faut le manger chaud.

– ...

– Bon appétit Sami !

Un ange en crampons passe avant que Sami ne se jette sur son assiette en risquant de temps en temps quelques coups d'œil anxieux par-dessus ses lunettes. Avec un petit sourire, mon père trouve les mots pour réchauffer l'ambiance.

– Sami, si ça te branche, un soir, je pourrais t'emmener au stade pour te montrer l'envers du décor.

Aussitôt mon ami se transforme, sa peau devient blanche puis légèrement bleue. Le Schtroumpf tchatcheur ouvre la bouche à intervalles régu-

liers mais quelqu'un a coupé le son. Ses lèvres tremblent et il lui faut quelques secondes pour retrouver son sourire d'enfer. La couleur redevient normale, le son aussi.

— Vous étiez sérieux, m'sieur ?

— Bien sûr, sauf si ça doit te provoquer une crise cardiaque.

Dans les yeux de Sami, mon père, c'est James Bond.

— Franchement Gabin, pour demain midi, tu devrais emmener ton père à Mme Madin.

— Je te rappelle que ce qu'attend Mme Madin, c'est mon objet favori et mon père n'en est pas vraiment un.

— Peut-être, mais les autres ils seraient trop dégoûtés.

Maman, patte de velours, paraît plus intéressée par notre nouveau sujet de conversation.

— Qu'est-ce que c'est que cette histoire d'objets ?

— Je t'en ai déjà parlé maman. C'est Mme Madin, notre prof de français histoire-géo qui anime un atelier deux midis par semaine. Ça s'appelle : « un peu de plaisir dans ce monde de brutes ». En ce moment, on doit apporter un objet qui nous passionne et le présenter aux autres. Logiquement, demain, c'est mon tour.

— Génial ! Et tu comptes emmener quoi ?

— Je ne sais pas trop.

Je mens. Je sais trop. Mais je n'ose trop pas. Mon père, ce héros, a semble-t-il aussi le pouvoir de lire dans mes pensées.

— Ta guitare Gabin ! Il faut que tu leur présentes ta guitare !

Instantanément, je remonte de dix étages dans l'estime de Sami.

— Tu joues de la guitare toi ?

— Un peu.

Papa rectifie.

— Un peu ? C'est un génie de la six cordes, oui !

Sami achève sa semoule tout en prenant un ton de vieux sage en survêtement.

— Alors, y a pas à hésiter. Demain, tu fais péter

ta guitare. En plus, ce truc-là, c'est un vrai piège à meufs !

Papa s'esclaffe, maman ressort ses griffes et moi je regarde par la fenêtre de la cuisine. Dans le jardin, un petit air de liberté fait frémir les feuilles du grand figuier.

CHAPITRE 8

En sixième, un des sports favoris des élèves est de dresser un classement des profs. C'est un top 50 top secret avec ses remontées spectaculaires et ses chutes vertigineuses. Par exemple, la semaine dernière, Levellec a gagné quatre places quand on a entendu la sonnerie de son portable. Inspecteur Gadget, ça score. En revanche, M. Fonce, le prof de sport, a perdu une place pour s'être penché en rangeant les ballons de hand dans le sac. Les petits cœurs sur le caleçon, c'est la loose.

CHAPITRE 8

Deux choses ne changent jamais dans notre top : la dernière place est toujours occupée par Mlle Coppée et, vu l'engin, ça n'est pas prêt de bouger. À l'inverse, la première place du podium est squattée de façon indiscutable par Mme Madin. On a beau chercher, rien ne joue contre elle. Elle est douce, gentille, drôle, son rire ferait fondre le chignon de Lacagole et elle parvient même à rendre la proposition subordonnée relative palpitante. Rien à faire, c'est la best prof et pour longtemps. Là où elle marque des points, c'est pendant l'atelier du midi. Tout le monde adore ce moment et elle doit refuser les nouvelles inscriptions faute de place. Ici, on a le droit de s'asseoir sur les tables, de parler sans lever le doigt et, Mme Madin, le temps de cette petite heure ensoleillée, nous tutoie. Mieux, nous pouvons l'appeler par son prénom. Annabelle. Le genre de chose impensable avec demoiselle Coppée et c'est tant mieux. Le prénom de Mlle Coppée, ça doit vraiment être une boucherie.

Un truc à être exclue à vie du top profs.
La salle est bondée. Sami et Boris sont au premier rang, Gaspard, lui, n'est jamais là. Pour ça, il faudrait qu'il loupe le premier service du self. De la science-fiction. Mme Madin a la main posée sur mon épaule, une main chaude et rassurante. Elle porte une robe fleurie aux couleurs discutables qui, soyons honnêtes, sur le dos de Mlle Coppée lui aurait coûté deux places. Mais c'est Mme Madin, alors ça passe. Plus injuste que le top profs, tu meurs.
— Aujourd'hui, dans notre petite bulle de plaisir, c'est au tour de Gabin de nous faire rêver. Et vous l'avez compris à ce qu'il tient dans les mains, nous allons rêver en musique. Gabin, mon grand, je te laisse la parole.
La main serrée sur le manche de ma Gibson®, j'ai la gorge sèche. Parler devant tout le monde n'a jamais été ma spécialité, surtout que dans ce tout le monde-là, il y a Liberty. Elle ne vient pas souvent à l'atelier, elle a choisi son jour. Elle

est au fond de la salle, assise en tailleur sur une table, elle porte une tunique violette en partie dissimulée par un keffieh du même gris que ses yeux. Ces deux yeux qui me fixent comme on lance un défi.

Ils sont plus de trente mais je ne vois qu'elle. Je me lance.

— Voilà, je vous présente mon objet favori mais j'ai un peu du mal à dire ça car pour moi, c'est bien plus qu'un objet. Cette guitare, c'est un peu comme une amie. D'ailleurs elle porte un nom.

J'hésite à poursuivre. J'en ai trop dit ou pas assez.

— Elle s'appelle Gertrude.

Évidemment, ça rigole, Sami fait un check moqueur avec Boris. De mon côté, ignorant tant bien que mal le gris de Liberty, je tente d'éteindre l'incendie qui se propage.

— Ce n'est pas moi qui lui ai donné ce nom. C'est mon parrain. Il m'en a fait cadeau pour mes sept ans, juste avant de mourir.

C'est incroyable comme certains mots ont la

puissance d'une escadrille de Canadairs. Je ne sais plus quoi dire, je me sens nullissime. On se retrouve ici pour le plaisir et moi, je suis d'abord ridicule, puis je plombe l'ambiance avec un petit cercueil. Heureusement que le top élèves n'existe pas... Une bouée de sauvetage m'empêche de sombrer totalement. Une bouée fleurie aux couleurs discutables.

— Et si tu nous jouais un petit quelque chose ?

Pour toute réponse, j'allume l'ampli et y insère la prise jack de Gertrude. On ne refuse rien à la première du top. Un petit accord pour vérifier et déjà le silence change de nature. C'est maintenant un silence d'attente, d'envie. Je les tiens. C'est donc d'une voix assurée que j'explique ce qui les attend.

— Je vais vous jouer un truc préhistorique. Le groupe s'appelait Led Zeppelin et le morceau *Stairway to Heaven*.

Et je plonge. Mes doigts trouvent immédiatement le chemin. Pas un seul pain, je déroule en oubliant où je suis, qui je suis. Ça dure le temps qu'il faut et, au bout de la dernière note, le silence encore, mais de courte durée. Les applaudissements qui l'effacent sont le bruit le plus doux jamais entendu. C'est la première fois que je joue pour quelqu'un d'autre que ma famille ou Marge, ce qui revient un peu au même. Tout le monde est debout, tout le monde hurle, Mme Madin en tête.

Tout le monde ?

Non.

Au fond de la salle, assise en tailleur, une très jolie fille ne bouge pas d'un cil. On pourrait croire une statue. Mais une statue qui aurait, au fond des yeux, une flamme toute nouvelle qui vient de s'allumer.

CHAPITRE 9

16h30

L'heure du frisson.

Ce petit frisson d'aventure qui me pousse vers la grille chaque soir après les cours. Un petit vent qui m'était jusqu'ici inconnu. Dans ma première vie, après la classe, je restais avec la maîtresse dans l'école, je faisais mes devoirs à l'endroit même où j'avais passé les six heures précédentes. Mon entrée au collège a fixé de nouvelles règles. Chaque soir, je dois rentrer à la maison à pied, seul pour la plupart du temps.

CHAPITRE 9

GABIN

J'ai dans la poche la clé de la porte d'entrée et la ville est à moi. D'accord, je n'ai qu'une quinzaine de minutes de marche, mais j'ai la sensation d'être dans un film où le héros aurait, par hasard, ma tronche. Certains soirs, je suis un agent secret qui circule dans les ruelles incognito à la recherche d'un microfilm balancé dans une poubelle. Le lendemain, je suis un Jedi sur le qui-vive, la main sur un sabre laser camouflé en double décimètre. Ce soir, Gertrude sur le dos, je me verrais bien comme le guitariste des Black Keys sur le chemin du Stade de France pour un concert historique devant 80 000 fans légèrement énervés et particulièrement féminins. Je ne sais pas si mon délire est contagieux mais j'ai remarqué que deux ou trois filles du collège m'avaient contemplé avec des yeux d'habitude réservés aux devantures des pâtisseries. Ça fait plaisir mais ça fait aussi réfléchir. Est-ce que je ferais le même effet en portant une poêle à frire entre mes omoplates ? Une canne à pêche ?

Un saucisson sec géant ? Peu importe, je suis devenu visible et j'aime ça. Surtout lorsque ça s'applique à Liberty.

Après s'être enflammée sur place grâce à ma Gibson®, elle avait disparu tout le reste de la journée. Partout je l'avais cherchée du regard mais j'étais resté bredouille. Alors l'imagination avait repris le dessus. À chaque croisement de couloir, je m'attendais à ce qu'elle me saute dessus en poussant des cris hystériques, hurlant « Gertrude ! », sautillant sur place, m'arrachant des touffes de cheveux avec les dents, me faisant don de son keffieh pour que je le bénisse de quelques larsens. Mais rien de tout cela ne s'était produit. J'avais donc passé la récréation assis sur un banc, coincé entre un Gaspard dans ses petits souliers et une Myrtille dans ses grands jours.

Je passe la grille et, comme un rockeur bien élevé qui a envie de traverser la route, je regarde à gauche.

CHAPITRE 9

GABIN

Personne.

Je regarde à droite.

Liberty.

Liberty en chair et en tunique qui marche vers moi, un petit sourire collé de travers. Je n'ose pas bouger, je n'ose pas respirer, je tente de lui rendre son sourire mais je dois ressembler à un blaireau constipé. Elle se plante devant moi, près, très près, assez près pour que je puisse compter les taches de rousseur qui gambadent sur son nez. J'en suis à huit lorsque, les bras croisés, elle s'adresse à moi.

— Dis-moi, guitar hero, tu es pressé ou tu veux bien aller te perdre en ville avec moi ?

Mon cerveau turbine. La réponse officielle à cette question devrait être : « Merci bien pour cette sympathique proposition, mais je dois rentrer au plus vite sans parler aux inconnus, goûter, faire mes devoirs dans ma chambre, prendre une douche et pas un bain puis mettre la table et, si j'ai le temps, faire un peu d'ordinateur mais pas sur Internet. » La classe à l'américaine. J'opte pour le plan B.

— Oui... C'est une bonne idée. En plus j'ai un peu de temps avant le retour de mes parents et je ne connais pas vraiment le centre-ville.

— Alors en route, je te guide.

Bonne idée d'avoir installé ces trottoirs roulants, on sent à peine ses pieds toucher le sol.

Nous marchons lentement sans parler.

CHAPITRE 9

GABIN

Parfois, quand les rues deviennent ruelles, Liberty m'indique du doigt quelques points remarquables à ne louper sous aucun prétexte : des pigeons qui se bécotent à s'en décrocher les plumes, un pêcheur endormi au bord du canal, un string taille XXXL qui sèche à un balcon, deux mamies fossilisées qui, à fond dans leur blouse, fument le cigare sur leur pas de porte, un pont qui s'ouvre en deux pour laisser passer un voilier multicolore. Bientôt, elle m'arrête en m'agrippant le poignet. Le contact de sa main me donne le vertige. Elle me parle d'un air grave.

— Nous voici arrivés au « miroir aux oiseaux ». Savoure.

C'est ce que je fais sans hésiter. C'est un échantillon de Venise planté entre l'étang de Berre et la mer. Des barques et des petits bateaux avec des cabines minuscules se reflètent dans un bras du canal. Autour de nous, des maisons colorées partout. On se croirait dans un film. Je suis passé des dizaines de fois à quelques mètres

d'ici et j'avais loupé ce petit coin de paradis.
— C'est super beau !
— Et c'est pas fini. Je t'emmène dans mon endroit préféré du monde.
Cette fois, elle court devant. Je la suis en trottinant sans trop prêter d'attention à Gertrude qui me bousille le dos. Bien vite, nous débouchons sur une place toute rouge occupée par quelques arbres qui dessinent de jolies ombres sur le sol. Dans un coin, Liberty est déjà assise sur une vieille fontaine blanche. Elle est parfaite dans ce décor de rêve. Je la rejoins, elle ouvre les bras en grand en direction de la place.
— Bienvenue sur la place Mirabeau !
— Ouah ! Tu viens souvent ici ?
— Dès que je ne supporte plus mon quartier ou les vannes de mon père. Donc oui, tout le temps.
— Ça craint avec ton père ? T'as du mal avec lui ?
— Du mal. Voilà, c'est le mot. Mais j'ai pas envie de parler de ça. Je préfère parler de toi. Tu m'as tuée avec ta Monique ce midi.

— Gertrude.

— Pardon. Ta Gertrude. Tu sais jouer juste ce morceau ou d'autres aussi ?

— Plein d'autres. En fait, il paraît que j'ai une sorte de don. J'arrive bien à reproduire les morceaux que j'écoute.

— Trop bon ! T'es un génie mon petit gars.

J'aime bien le génie, moins le petit gars.

— Ouais, enfin ça dépend pourquoi. Par exemple, faire cuire des pâtes me semble aussi insurmontable que de danser un slow avec la mère Coppée.

— Ah oui... Quand même... Mais sinon, là, tu pourrais me rejouer un petit truc, juste pour moi ?

— Ben non, mon ampli est resté au collège. Mon père doit le récupérer demain. Sans lui, Gertrude est condamnée au silence.

Et puis surtout, j'ai un trac cosmique. Mais ça, j'oublie de lui en parler.

— Dommage.

Elle a murmuré ce mot avec un sourire qui me colle des frissons partout. Elle me fixe, longtemps. Je ne sais plus du tout quoi faire, où regarder, qui appeler à l'aide, comment ne pas la toucher. Pour gagner du temps, je me mets à jeter des petits cailloux dans l'eau scintillante de la fontaine.

C'est elle qui bouge.

D'un doigt posé sous mon menton, elle dirige mon visage vers le sien et elle ose.

— Gabin, t'as une copine ?

— Oui. Ma... Ma meilleure amie s'appelle Marge et elle dessine trop bien. D'ailleurs...

— Gabin.

— Oui ?

— T'as une meuf ?

Gloups.

— Heu... Non.

— Et ça te dirait de sortir avec moi ?

La terre a tremblé là ? Non ? Alors ça doit être moi...

— Je... Oui. Carrément.

— Alors ça roule.

À ce moment-là, un groupe de petites vieilles avec appareils photos et cheveux roses de série fait une entrée bruyante sur notre place. Liberty éclate de rire, m'embrasse sur la joue et, déjà, glisse du bord de la margelle pour s'éloigner à reculons.

— Je dois y aller, sinon mon père va m'empailler. À demain ?

— À demain.

Et puis le vide. L'absence. Une place colorée avec, cherchez l'erreur, un cornichon blanc perché sur une fontaine.

Je sors avec Liberty.

Super.

Reste juste à savoir en quoi ça consiste exactement.

CHAPITRE 10

Ma Marge.

Il m'est arrivé une chose incroyable. Découvre-la en cochant la bonne réponse.

☐ J'ai été aspiré par un Canadair et rejeté au beau milieu d'un incendie.

☐ J'ai enfin compris l'intérêt du football et j'ai pris mon abonnement au stade Vélodrome.

☐ J'ai décidé d'arrêter la guitare pour me consacrer aux maracas.

☐ Je suis tombé raide amoureux.

CHAPITRE 10

Si tu n'as pas grillé tous tes neurones à essayer de résoudre les problèmes de proportionnalité, tu as déjà coché la quatrième solution.

Elle s'appelle Liberty et j'arrive à ne pas penser à elle juste quand je m'explose le petit orteil contre le pied de mon lit ou quand j'éternue. Le reste du temps, son image me suit partout. Elle est trop canon et surtout elle est différente. Dans le collège, il y a beaucoup de filles qui, avec leurs voix de poissonnières, paraissent arriver tout droit de Pétass-land. Elle, c'est l'inverse. Sa voix est douce comme un bain chaud, ses mots sont directs et francs. Et puis elle aime Gertrude, c'est bon signe, non ?

Tout à l'heure, elle m'a emmené dans des coins superbes de la ville. Elle m'a demandé de sortir avec elle. Je crois qu'elle m'a géré comme il faut et moi, pauvre bille, j'ai dit oui. Je suis bien coincé maintenant. J'ai l'impression d'être un gamin avec elle. En plus, c'est une mogotte et le rôle du petit bourge, ça me plaît moyen.

Je suis un peu perdu. Qu'est-ce que je dois faire ? Aide-moi, Marge STP !

Je te laisse, mes parents vont arriver et j'ai rien glandé à part penser à elle.

Je t'embrasse.

Réponds vite.

Gabin.

PS : Hé, on doit être les deux derniers au monde à encore s'écrire des lettres, non ?

LIBERTY

GABIN
LIBERTY

CHAPITRE 11

Je ne savais pas qu'on pouvait courir pour aller à l'école. Je veux dire, pas parce qu'on est en retard, mais parce qu'on est pressé d'y être. Pourtant, ça existe. D'ailleurs, à cet instant, je cours à m'en faire éclater la gorge car une partie de moi meurt d'envie d'apercevoir Liberty avant que ne retentissent les arpèges d'entrée en cours. Je dis une partie de moi seulement car l'autre aurait plutôt tendance à enclencher le frein à main. Elle a bien conscience, elle, que le mode d'emploi pour sortir correctement avec une fille est introuvable et que je risque de me taper la honte au moment des travaux pratiques. Mais bon, manifestement, c'est la première partie qui commande les jambes.

J'arrive à la grille avec l'impression que mes poumons ont pris toute la place disponible à l'intérieur, en particulier celle de mon estomac qui regrette cruellement les deux tartines avalées au petit déjeuner. Comme d'habitude, c'est Gaspard que je repère en premier. Il me fait un petit signe de la main, ce qui signifie dans son cas un gigantesque battement de palme. Il tente aussi un petit sourire mais je vois bien qu'il n'a pas la frite. Chez Gaspard, l'absence de frite peut avoir plusieurs raisons : sa sœur, le chômage de son père ou ses propres problèmes de cœur. Gaspard est trop grand pour son âge, du coup son cœur galère pour tout alimenter correctement. Il fait donc souvent des séjours à l'hôpital de Marseille. Et même s'il nous dit qu'il est le chouchou des infirmières et que, là-bas, il est reçu comme un roi, on sent bien qu'il préférerait perdre sa couronne une bonne fois pour toutes. Sami arrive. Je l'entends avant de le voir. Puis c'est Boris, perdu dans ses pensées. Nous nous retrouvons à l'emplacement habituel, sous la grosse horloge. Mais je suis ailleurs. Je la cherche des yeux. Je ne la vois pas.

La sonnerie me cueille et c'est avec une humeur de chien que je prends le chemin du cours d'anglais. *Bad luck...*

À midi, Sami décide de changer de table et nous entraîne vers un coin isolé, hors des regards des cuisiniers et des surveillants. Les cinq sens toujours en chasse, je ne me méfie pas. J'ai tort. Il y a de l'interrogatoire dans l'air. À peine assis, ils me sautent dessus.

— Allez, balance. T'es sorti avec ?

— Il paraît qu'on vous a vus, en ville...

— Vous êtes allés où ?

— Tu lui as roulé une gamelle ?

— Est-elle douée ?

— T'as assuré ?

— Vous êtes allés jusqu'où ?

— Vas-y, raconte !

Je serre les dents, j'essaie de me retenir, ça tient quelques secondes et puis ça lâche.

— Pour tout vous dire, on a grimpé sur le toit de la mairie et on a fait un strip-tease au son de la fanfare des pompiers de Martigues. Les gens dans la rue ont tellement adoré qu'ils ont applaudi pendant une heure, surtout à partir du moment où on s'est retrouvés à oualou. Le maire en personne nous a même proposé de faire l'ouverture du prochain festival du folklore international.

Mes trois amis se sont figés dans une expression de surprise totale. On sent bien que le premier qui parlera dira une bêtise. Sans surprise, c'est Sami qui s'y colle.

— Mais en vrai, vous êtes montés comment sur le toit ?

Boris éclate d'un rire franc qui se coupe net sous la violence du choc. Grostonneau, que personne n'avait vu venir, vient de lui plaquer le visage dans le céleri rémoulade avec sa main gauche tandis que la droite lui tord le bras dans le dos.

— Je t'avais bien dit qu'on se retrouverait sale bâtard. On t’entend moins, là !

Gaspard s'est levé, ses lèvres bleues tremblent.

— Lâche-le !

— Ta gueule Obélix. Va pas fatiguer ton petit cœur.

— Il a dit : « lâche-le ».

Je reconnais cette voix. Mon cœur bondit.

Liberty a déjà la main sur le col de Grostonneau et le tire en arrière. Boris en profite pour se lever et s'écarter de la table, le visage divisé en deux parties distinctes : rouge de colère à gauche, blanc de céleri à droite. Une sorte de Joker-crudités.

Moi aussi je suis debout, je sens mes muscles prêts à bondir sur la montagne de bêtise s'il a le malheur d'esquisser le moindre geste en direction de Liberty. Jamais je n'ai ressenti cette colère, cette puissance en moi. C'est fort. C'est effrayant.

Contre toute attente, Grostonneau ne choisit pas la violence. Il se retourne au ralenti, un sourire de fumier aux lèvres et, fixant Liberty, il détache chaque mot comme on arrache les ailes des mouches encore vivantes.

– Va te faire foutre, Grumeau ! J'ai pas d'ordre à recevoir de la fille d'un alcoolo qui a fait de la taule pour avoir cambriolé son voisin de palier. Retourne dans ta niche, pauvre débile !

Liberty vacille, se mord les lèvres puis, brusquement, part en courant et disparaît.

– C'est ça, dégage.

Grostonneau se retourne et s'approche de nous. Gaspard fait un pas dans sa direction en serrant son gros poing mais il n'a pas le temps de le lever. Un hurlement animal retentit dans le self. Grostonneau fait volte-face et sous l'effet de la surprise, écarquille les yeux. Mauvaise idée. Le saladier de moutarde forte que Liberty lui balance en pleine poire est encore plus efficace que s'il avait choisi l'option « paupières fermées ». La brûlure est telle que Grostonneau se recroqueville en râlant mais c'est loin d'être fini. Liberty, ou la bête fauve qui lui ressemble, lui saute dessus en rugissant à nouveau.

Elle frappe, griffe. On accourt de toutes parts,

des élèves, des cuisiniers, des surveillants et même Lacagole qui se fraie un passage et s'apprête à séparer les deux élèves roulés en boule sous la table. Mais au moment où elle s'agenouille à leur niveau, Liberty saisit un broc en fer et le brandit à bout de bras pour l'écraser sur le crâne de Grostonneau. C'est le choc, terrible, sonore, mais pas le bon... Car au-dessus de Liberty se trouvait le visage de notre chère CPE. Lacagole, dans un craquement osseux, est projetée en arrière avant de retomber lourdement sur le sol. Le sang coule à flots de ses narines violettes.

Ce liquide rouge semble ramener Liberty à la raison. Elle laisse enfin tomber le broc et se plaque une main sur la bouche en contemplant le désastre. Un surveillant évacue sans ménagement les deux élèves responsables tandis que Monsieur Léon, arrivé sur le tard, relève tant bien que mal sa collègue et son nouveau look spécial Halloween. Chacun reprend sa place et bientôt nous ne sommes plus que quatre à rester là, au milieu du champ de bataille, les bras ballants, le regard perdu.
Alors, et alors seulement, je prends conscience du liquide qui inonde mes joues. Je m'essuie d'un revers de manche. Non, ce n'est pas du sang.
Juste des larmes.

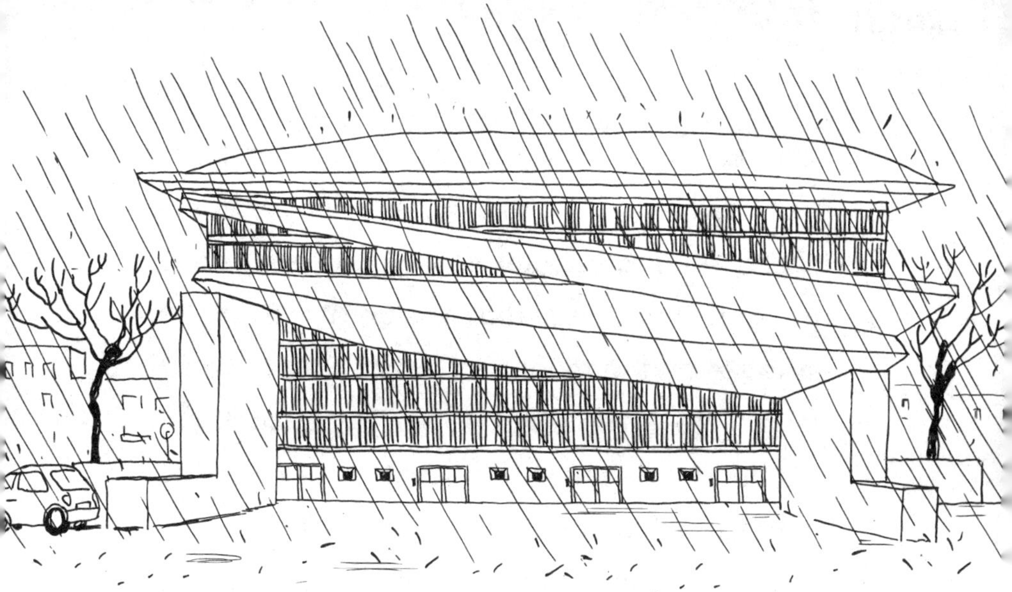

CHAPITRE 12

L'étang de Berre a enfilé sa tenue de camouflage kaki et la montagne Sainte-Victoire a disparu dans les nuages. Il pleut depuis deux jours et dans les rues, tout le monde ne parle plus que de ça. À l'intérieur des murs de Jean-Claude Izzo, le sujet de conversation qui tourne en boucle n'est pas la flotte mais la baston de la cantine même si les trois acteurs principaux sont absents. Mme Lacagole est en arrêt maladie pour essayer de se faire poser un nouveau nez, Liberty et Grostonneau, eux, ont été exclus pour une semaine. Tout le monde a un truc à dire sur l'affaire, tout le monde sauf moi. À vrai dire, je ne dis plus grand-chose depuis ce week-end. Les images de Liberty hurlant et se jetant sur l'autre barrique me prennent la tête. J'entends aussi le craquement du nez de la CPE et surtout, je me revois moi, incapable de bouger pour arrêter la tuerie. J'aurais voulu être à la hauteur et je n'ai été qu'un pauvre spectateur. Carrément la honte.

Je m'inquiète pour Liberty, j'aimerais avoir de ses nouvelles mais, jusqu'ici, c'est silence radio. À peine arrivé sous la grande horloge, Gaspard me saute dessus avec une tête de journaliste qui aurait en main le scoop du siècle.

— Gabin, Liberty a disparu.

— Quoi ?

— Dans le quartier de Sami, ça a fait le tour.

Il paraît qu'elle s'est barrée depuis lundi et que personne ne sait où elle est.

— Elle a fait une fugue ?

— Ouais. Des voisins ont entendu gueuler à son étage tout le dimanche et puis on l'a vue descendre les escaliers avec un sac sur le dos vers onze heures du soir. Elle chialait. Depuis, personne ne l'a revue.

— Son père a prévenu la police ?

— J'en sais rien mais ça m'étonnerait. Il doit être trop content ce bouffon !

— Qu'est-ce que... Qu'est-ce qu'on peut faire ?

— Je sais pas. En parler à Léon... Il est réglo Léon, non ?

Je me dévore les ongles en roulant les yeux dans tous les sens. Ça fourmille sous mon crâne.

— Non. Léon est remonté depuis le coup du broc. Ce soir, j'irai avec Sami jusque chez elle. Pour voir.

— Il est absent Sami, il a chopé la gastro.

— Ah merde ! Tant pis, j'irai tout seul...

Les arpèges raisonnent. Ce matin, je les déteste comme je déteste tout ce qui bouge.
La journée n'en finit pas, je rate mon contrôle de SVT et je me fais engueuler en anglais parce que je regarde ma montre toutes les 18 secondes.
À la récréation de 15 heures, je passe voir Mme Madin. Elle me sourit de son sourire de tous les jours, ça me fait du bien.
— Bonjour Gabin. Qu'est-ce que je peux faire pour toi ?
— Madame, j'aimerais avoir l'adresse de Liber... de Nadège Grumeau. Elle est en 6e B et un élève de sa classe m'a donné des photocopies pour elle. Je voudrais lui porter ce soir.
Je ne mens jamais, d'abord parce que je n'en ai jamais besoin et ensuite parce que je ne sais pas faire. Là, j'ai l'impression d'avoir une lumière qui clignote au milieu du front, un peu comme un Pinocchio branché sur du 220 volts. Mme Madin ne voit rien ou bien elle fait très bien semblant de ne rien voir. Déjà, elle fouille dans

ses affaires, en retire sa liste d'élèves et me marque l'adresse de Liberty sur un post-it.

— Voilà jeune homme. Tu as des nouvelles de Nadège ?

— Non... J'y vais aussi un peu pour ça.

— Bien. Tiens-moi au courant. Ce n'est pas une mauvaise fille, tu sais.

— Je sais.

Mme Madin reprend son sourire avec des mots cachés derrière. Un sourire qui sent le clin d'œil.

— Allez, va pitchoun, et si tu le croises, passe le bonjour à Cupidon.

Je rougis, je promets, je me sauve.

Je repasse par la maison et là, une fois assis à la table de la cuisine, tout mon courage se fait la malle. Qu'est-ce que je peux faire moi, un petit sixième avec encore des dents de lait ? Qui suis-je pour prétendre secourir une fille comme Liberty ? Je ne suis ni un agent secret, ni un super-héros et ce n'est pas en jouant un air de guitare que tout va rentrer dans l'ordre !

CHAPITRE 12

LIBERTY

Le moral vient d'atteindre mes chaussettes lorsque je pose un œil sur le courrier que papa a laissé ce midi sur le bar américain. Sur le tas, je reconnais immédiatement l'enveloppe violette et son écriture penchée. Un orteil est dessiné sous le timbre. Je saute dessus et l'ouvre sans délicatesse.

Une simple feuille de papier, voilà ce qu'il me fallait.
Je file dans ma chambre, fourre Arthur dans mon sac à dos et descends dans le jardin pour y récupérer mon VTT.
Cinq minutes plus tard, je pédale comme un malade.
Destination le Paradis.

GABIN
LIBERTY

CHAPITRE 13

Lorsque j'arrive au pied des tours du Paradis Saint-Roch, le soleil est revenu. Je suis agréablement surpris, je m'attendais à voir des dizaines de barres grises qui déprimeraient des colonies entières de termites. Au lieu de ça, les bâtiments sont à taille humaine et il y a de vrais arbres. Je vois même une salle de cinéma cachée au cœur de la cité. Bien sûr, je préfère ma maison et mon jardin, mais je me dis que vivre ici n'est peut-être pas si triste que je me l'imaginais.

CHAPITRE 13

Je repère le bâtiment, pénètre dans le hall et grimpe les escaliers quatre à quatre. Troisième étage, porte gauche. Je suis arrivé. La peur aussi. Peur qu'il n'y ait personne, peur que Liberty m'ouvre, peur que ce soit son père. Je secoue la tête, souffle un bon coup et appuie sur la sonnette où le nom « Grumeau » est à moitié effacé. Pas un bruit. Je m'apprête à sonner à nouveau quand la porte s'entrouvre brutalement. Elle est retenue par une petite chaîne mais l'ouverture est suffisante pour que je puisse admirer l'horrible bonhomme qui me fait face. Il est rouge façon pinard, porte une moustache d'un jaune sale, une grosse médaille militaire pendouille sur son torse nu.
— Quoi ?
Ouah ! L'haleine ! Lui aussi a dû tomber dans la marmite quand il était petit, mais en ce qui le concerne, ce n'était pas de la potion magique.
— Bonjour Monsieur. Est-ce que Nadège est là s'il vous plaît ?

— Tu lui veux quoi à Nadège ?

— Je suis dans son collège et j'ai des documents pour elle. Des devoirs.

— Ils la virent et après, ils viennent la chercher. Qu'ils aillent se faire foutre !

Il a dit ça en me postillonnant au visage. Je ne lâche pas.

— Mais... Est-ce qu'elle est là ?

— Non.

— Ah. Et elle rentrera quand ?

— J'en sais rien. Le plus tard possible. Maintenant, fous-moi le camp ou je me fâche.

La porte s'est refermée. Fin du premier acte.

J'ai changé d'avis, on peut être heureux au Paradis mais pas derrière la porte gauche de ce troisième étage-là.

Je redescends en traînant les pieds et, une fois dehors, je suis aveuglé par la lumière. La main en visière au-dessus des yeux comme un Indien paumé dans le désert, je cherche une idée toute neuve pour continuer ma quête. Rien ne vient.

Alors que je songe à jeter l'éponge, on m'interpelle.

— Tu cherches Liberty ?

C'est Sami. Assis à même le sol, adossé à un arbre, il me fait penser au Mexicain qui passe son temps à faire la sieste dans les albums de Lucky Luke, à la différence près que la casquette a remplacé le sombrero.

— Oui !

Je marche en sa direction tandis qu'il poursuit d'une voix rauque, probablement abîmée par la gastro qui lui torpille le bide :

— Moi, si j'étais toi, j'irais voir du côté de la cabane sur les hauteurs.

— Ah oui ! Là où on est allés l'autre mercredi avec Gaspard et Boris ?

— Oui. Et grouille-toi parce qu'elle n'avait pas l'air bien lorsqu'elle est partie.

Soudain, une peur bien plus grande me tord l'estomac. Et s'il lui était arrivé quelque chose ? Si j'arrivais trop tard ?

Je trottine vers mon vélo, m'escrime sur l'antivol, me retourne et lance :
— Merci Sami !
Le Mexicain à casquette relève la tête pour me fixer d'un regard vide qui m'est inconnu.
— Je ne m'appelle pas Sami.
Un mistral me passe sur le cœur. Si ce n'est pas Sami, c'est donc...
Je n'ai ni le temps ni l'envie de m'attaquer à cette énigme. Je n'ai qu'une hâte, me tirer d'ici. Je saute sur mon VTT et, sans me retourner, je m'envole loin du Paradis.

CHAPITRE 14

L'autre mercredi, quand j'avais emprunté ce chemin qui grimpe au milieu des bosquets et des minuscules sauterelles avec mes trois amis, j'avais admiré le paysage et je m'étais dit que j'avais quand même un sacré bol de vivre dans une région pareille. Avec Boris et Sami, nous avions fait la course jusqu'à la corniche où se trouve une petite cabane abandonnée.

Gaspard, lui, était monté à son rythme. Il nous avait retrouvés sur le toit en plein concours de hurlements ridicules. Boris avait gagné la course, Sami avait gagné le concours et moi, comme lot de consolation, j'avais eu un fou rire à m'en vriller les amygdales.

Aujourd'hui, tout est différent. Je ne jette pas un regard à ce qui m'entoure. Je suis comme hypnotisé par ma roue avant qui avale le sentier à toute allure. J'ai retrouvé le chemin tout seul et j'y crois à peine. Il faut dire que dans ma première vie, j'avais le sens de l'orientation d'un bigorneau. Une fois, j'avais même réussi à me perdre dans ma chambre au beau milieu de la nuit. Après avoir cherché l'interrupteur de ma lampe de chevet pendant une petite éternité, j'avais fini par me mettre en boule en attendant le lever du soleil. C'est ma mère qui m'avait retrouvé au matin sous mon bureau, un pied dans la corbeille à papier et la tête coincée dans les bretelles de mon cartable.

La cabane est en vue. Je balance mon VTT sur le bas-côté et parcours les derniers mètres en courant comme un dératé.

Elle est là.

Assise sur le toit, à l'endroit même où Sami avait si bien imité le cri du Marsupilami qui se coince la queue dans la porte. Mais Liberty n'imite personne. Elle est immobile, enroulée dans un duvet, le regard perdu loin devant. Les cheveux dans les yeux, elle mange une pomme en mâchant très lentement. Elle ne m'a pas entendu venir. Je me suis arrêté, le cœur battant. Je la regarde. Puis, la voix sur la pointe des pieds, je l'appelle.

— Liberty...

Comme si elle venait de mettre les doigts dans une prise de courant, elle se retrouve debout et tourne vers moi un visage de lionne épuisée mais prête à mordre.

— Dégage, Gabin ! Fiche-moi la paix !

Elle dégringole du petit toit à moitié défoncé et

disparaît à l'intérieur de la cabane. Je n'ai prononcé qu'un seul mot et cela a suffi à faire éclater la tempête. Un mot de trop. Alors des mots il n'y en aura plus. Ça m'arrange, j'ai d'autres moyens de lui dire les choses. Lentement, je grimpe sur le toit et m'installe sur le duvet encore chaud. J'ouvre mon sac à dos et je libère Arthur.

À l'instant même où l'ukulélé bleu se retrouve sous mes doigts, une grande confiance m'enveloppe. Mes mains commencent à gambader sur le manche et la musique de Ben Harper s'élève.

Je joue le morceau en boucle, fredonnant la mélodie les yeux mi-clos. Même lorsque je la sens s'asseoir à mes côtés au bout de quelques minutes, je ne la regarde pas. Je laisse faire le pouvoir de la musique. Un piège à meufs disait Sami ? Je ne dirais pas ça ainsi. Plutôt un nid douillet, un abri, un cocon. Doucement, je sens sa tête se poser sur mon épaule, alors Arthur se tait pour laisser la place au silence. Sa tête commence à peser lourd mais je ne bouge pas. J'adore ça.

Combien de temps s'écoule avant qu'elle ne parle ? Je ne peux pas le dire, mais lorsqu'elle le fait, sa voix est lourde, humide.

— Je ne retournerai pas chez lui. C'est fini. Il m'a mis la claque de trop. Ce n'est plus mon père, j'ai décidé qu'il n'est plus rien. Je vais appeler les flics et tout leur raconter : ses trafics, sa violence, le départ de ma mère. Tout. Ils comprendront pourquoi je n'y retourne pas. O.K. ?

— O.K.

— Alors on n'en parle plus...

Le silence. Encore.

— T'as dormi là ?

— Oui.

— T'as pas eu froid ?

— Ça va, je suis pas trop frileuse.

— T'as mangé quoi ?

— Des gâteaux et des pommes, j'avais fait un stock.

— C'est light.

— Tu m'étonnes ! Mais c'est le seul moyen que j'ai trouvé pour perdre mes grosses fesses.

— T'as pas de grosses fesses...

En disant ça, j'ai les oreilles qui chauffent et vu qu'elle a la joue pile dessus, elle le sent et elle rigole. Moi aussi. Et puis elle dit :

— Ce qui me gêne le plus, c'est de ne pas pouvoir me laver les dents. J'ai l'impression d'avoir l'haleine de mon père.

— Tu rigoles. Si c'était le cas, je serais déjà mort.

Elle me donne un coup de poing sur le bras. Elle cogne dur la miss Grumeau.

— Tu sais Liberty, chez moi, il y a du dentifrice à plus savoir quoi en faire. Et le canapé du salon, il peut se déplier pour se transformer en un super lit qui nique direct le dos. Ça te tente ?
Je ne sens plus mon épaule. Elle relève la tête, se lève, roule son duvet avec rage, saute du toit et disparaît à nouveau dans la cabane. Je me mords les lèvres, j'aurais mieux fait de me taire comme prévu. Ces fichus mots ont encore fait des dégâts. Je suis occupé à replacer Arthur dans mon sac lorsque la voix de Liberty monte jusqu'à moi.
— Gabin...
Elle est à côté de mon vélo, son sac sur le dos. Elle a le plus beau sourire de l'histoire du sourire.
— Tu descends quand exactement ? On a de la route je te signale. Et puis, j'avoue, je suis trop pressée de rencontrer ton canapé...

GABIN
LIBERTY

CHAPITRE 15

Il y a une chose qui n'a pas changé dans ma nouvelle vie : juste avant les vacances, les élèves ont tous la tête de ceux qui viennent de gagner le gros lot à l'Euro Millions®. Et aujourd'hui, veille des vacances d'octobre, c'est surtout vrai pour Gaspard. Depuis ce matin, il s'est accroché un sourire d'abruti à sa grosse figure et ce sourire s'est encore élargi depuis que la sonnerie de fin des cours nous a catapultés vers la sortie. Sami, Boris et moi le regardons avec curiosité et, une fois n'est pas coutume, c'est Boris qui attaque.

— Vraiment, tu as l'air satisfait. Es-tu en mesure de nous dire pourquoi ?
Nous nous sommes habitués à la façon de parler de Boris et seule la réponse de Gaspard nous importe.
— Satisfait ? C'est le bonheur intégral ouais ! Ma sœur part deux semaines en colonie pour traumatiser des poneys innocents. Deux semaines ! Vous vous rendez compte ?
Oui. On se rend compte. Deux semaines sans Myrtille pour Gaspard, ça doit consister à enlever ses chaussures de ski après onze ans de slalom. Le pied ! Sami enchaîne.
— Moi, je vais aller au Vélodrome avec le père de Gabin. La vérité mec, ton père, il va m'offrir le bonheur de ma life. Je vais devenir un VIP de l'OM.
— Un Vrai Imbécile Poilu de l'Ouest Marocain ? C'est déjà le cas non ?
Tout le monde semble apprécier l'humour russe même si Sami a le rire le plus crispé du lot.

— Et toi Gabin ?

— Moi... Je ne sais pas. Ça dépend de Liberty.

— Elle habite toujours chez toi ?

— Non. Elle n'est restée que trois jours. Mes parents ont été super cool. Pourtant, quand j'ai débarqué avec elle à la tombée de la nuit, j'ai cru qu'ils allaient m'arracher les yeux à la petite cuillère. Mais quand ils ont vu l'état de Liberty et que je leur ai tout raconté, ils ont réagi de façon royale. Ma mère a fait un festin, mon père a fait couler un bain moussant et moi je lui ai filé mon lit.

— T'as dormi avec elle ?

— Tu perds une roue Gaspard ! J'ai gagné le canapé et j'ai perdu deux vertèbres par la même occasion. Les services sociaux sont venus, ils ont interrogé Liberty et ils ont appelé son oncle qui habite à Saint-Mitre-les-Remparts. Il a l'air assez gentil et depuis, elle habite chez lui. Une chose est sûre, elle n'est pas prête de retourner au Paradis.

— Je l'ai croisée ce matin au gymnase, elle avait l'air d'aller bien.
— Oui. Elle va mieux. La nuit, à la maison, elle rigolait en dormant. C'est bon signe, non ?
— Si.
— Et... Vous êtes toujours ensemble ?
— Ah ça ! Mystère, mystère...
Sami me pince le lobe de l'oreille.
— Mystère que dalle, oui ! Vous avez pas vu sa tronche de cake ? Va mourir Roméo !
J'attrape Sami par le cou et je lui offre un énergique shampooing à sec. Je n'ai malheureusement pas le temps de l'achever car une grande fille équipée de lunettes à quadruple foyer et de boutons fluo me tape sur l'épaule.
— C'est toi Gabin ?
— Oui.
— Liberty t'attend à l'endroit habituel dans un quart d'heure.
— Ah... Merci.

La grande saucisse repart avec la grâce d'un King Kong à boucles d'oreilles. Boris et Sami me tapent dans la main à tour de rôle.

— File mon ami, l'amour n'attend pas.

— Ouais, vas-y cousin, fonce !

Machinalement, j'offre ma main à Gaspard mais sa grosse paluche ne vient pas s'y poser. Sami me donne un coup de coude et m'invite à regarder notre géant préféré. Il semble pétrifié de bonheur et ses yeux écarquillés ne peuvent se détacher de la messagère qui s'éloigne.

— Les gars, ça craint, je crois que je suis amoureux.

Sami se prend la tête à deux mains.

— Et de deux ! Y a un vaccin contre ça ou pas ?

La place Mirabeau est recouverte de feuilles mortes et c'est encore plus beau. C'est décidé, c'est vraiment le plus bel endroit du monde.

CHAPITRE 15

LIBERTY

Liberty est enroulée dans son écharpe, je ne vois que ses yeux qui me fixent avec douceur mais ils suffisent à me réchauffer les entrailles. Sa main dans ma main me fait l'effet d'un petit animal blessé qui se serait mis à l'abri. Cette fille est à la fois forte comme la roche et fragile comme la neige.
— Gabin. Je voulais te parler d'un truc.
— Quoi ?
Je sens sa main se crisper. Je redoute la suite.
— Pendant les vacances, mon oncle va m'emmener au Portugal chez des amis à lui pour me changer les idées. Je pars demain.
— D'accord. On ne se verra donc pas pendant quinze jours.
— Je sais...
— Alors à mort les vacances et vivement la rentrée.
— Oui, mais...
Elle retire sa main et croise frileusement les bras.

— Mais ?

— Je ne sais pas où je serai à la rentrée. Le juge des enfants va me placer dans une famille d'accueil mais on ne sait pas encore où.

— Tu... Tu risques de changer de collège ?

— J'en sais rien Gabin...

Je m'éloigne de la fontaine et je rejoins le centre de la place en shootant dans les feuilles mortes.

Panique. Colère. Tristesse. C'est aussi dans tout ça que je shoote. Et puis, soudain, j'ai l'idée du siècle. Je retourne vers elle en courant.

— Liberty, comment il faut faire pour être famille d'accueil ?

— Ben j'en sais rien, les services sociaux doivent aller chez les gens pour vérifier si tout est correct.

— Et ils vérifient aussi les canapés ?

Liberty éclate de rire, ça fouette le sang. Je continue :

— Écoute, j'en parle à mes parents, je suis sûr qu'ils seront d'accord. Et puis niveau cuisine, dentifrice et humour bizarre y a pas mieux que chez nous. En ce qui concerne mes vertèbres, pas de souci, j'en achèterai des neuves sur eBay®. Qu'est-ce que tu en dis ?

Les petites étoiles qui scintillent dans le gris de ses yeux auraient suffi comme réponse, mais elle décide d'être encore plus claire. Lentement, elle approche ses lèvres souriantes des miennes et m'offre un long baiser au goût de menthe. Je ne pensais pas que quelques secondes pouvaient durer des siècles. Je me laisse faire. C'est trop court. Mes jambes flageolent. Je me dégage au ralenti et, le temps de reprendre mes moyens, je plonge la main dans mon sac. Puis, avec précaution, je dépose Arthur au creux de ses mains rougies par le vent.

— Tiens. Je te le confie. Comme ça, je suis sûr de te revoir.

— Merci Gabin.

— Et à ton retour, si tu veux, je t'apprendrai à en jouer. Donc, tu vois, t'es obligée de revenir.

— T'es fort toi.

— Carrément. Il faut dire que j'ai gros à perdre.

À nouveau ses lèvres, un autre baiser.

La surprise en moins.

Les frissons en plus.

LIBERTY

GABIN

ÉPILOGUE

Deux jours.

Deux jours qui pèsent des tonnes. Jamais un début de vacances n'aura été aussi pourri. J'ai passé toute la journée à la piscine avec Boris mais tout m'était insupportable. L'eau était trop mouillée, les maîtres nageurs trop musclés, les maillots de bain trop moches. C'est donc un mort-vivant qui rentre chez lui. J'en ai l'allure, la démarche, le moral. Mes parents, eux, ont l'air ravis. Debout dans le salon, les mains sur les hanches, ils ont la tête de Sami quand il a promis de ne pas dévoiler un secret et qu'il se demande s'il va tenir plus de trois minutes avant de le faire.

— Gabin ? Ça ne va pas ?

— Si, si.

— Tu as l'air fatigué.

— Non, non, ça va.

— Si, si, tu as l'air fatigué.

— Ben... Non. Ça va.

— Gabin, si ta mère te dit que tu as l'air fatigué, c'est que tu as l'air fatigué. Nous pensons que tu devrais aller te reposer dans ta chambre.

— Mais...

— Maintenant.

Et toujours ces sourires débiles. Je ne cherche plus à comprendre et je monte l'escalier. Qu'est-ce qu'ils ont bien pu poser sur mon lit? Une nouvelle partition ? Un CD ? Un hamster? En tout cas rien qui puisse me réchauffer le cœur.

J'entre dans ma chambre. Et aussitôt je mesure mon erreur car, dans l'instant, mon palpitant se remet sur « marche ».

Là, assise sur mon lit, il y a une fille avec la jambe du pantalon relevé et la langue pendue. À la perfection, elle dessine son genou droit.

L'AUTEUR

Mine de rien, Emmanuel Bourdier n'est pas revenu bredouille de ses années collège. Il en a conservé ses meilleurs amis de l'époque, la passion des riffs de guitare et le goût de l'écriture. Fort heureusement, il a aussi eu l'intelligence d'y laisser les coiffures déplorables, les grosses lunettes en plastique et les râteaux amoureux en acier trempé. Aujourd'hui, il est devenu professeur, mais une part de lui-même n'a pas fini de se balader dans les couloirs de l'adolescence...

L'ILLUSTRATEUR

Né en Bretagne, dans le Finistère, Glen Chapron a commencé son parcours artistique en sortant diplômé de l'atelier de gravure de l'École Estienne. Il s'est tourné ensuite vers l'illustration, aux Arts Décoratifs de Strasbourg. Depuis, il travaille à la fois pour l'illustration jeunesse et la bande dessinée. Glen Chapron vit à Nantes.

TABLE DES MATIÈRES

Dépôt légal : juin 2013
N° d'édition : L.01EJEN001018.N001
Loi n° 49-956 du 16 juillet 1949 sur les publications destinées à la jeunesse.